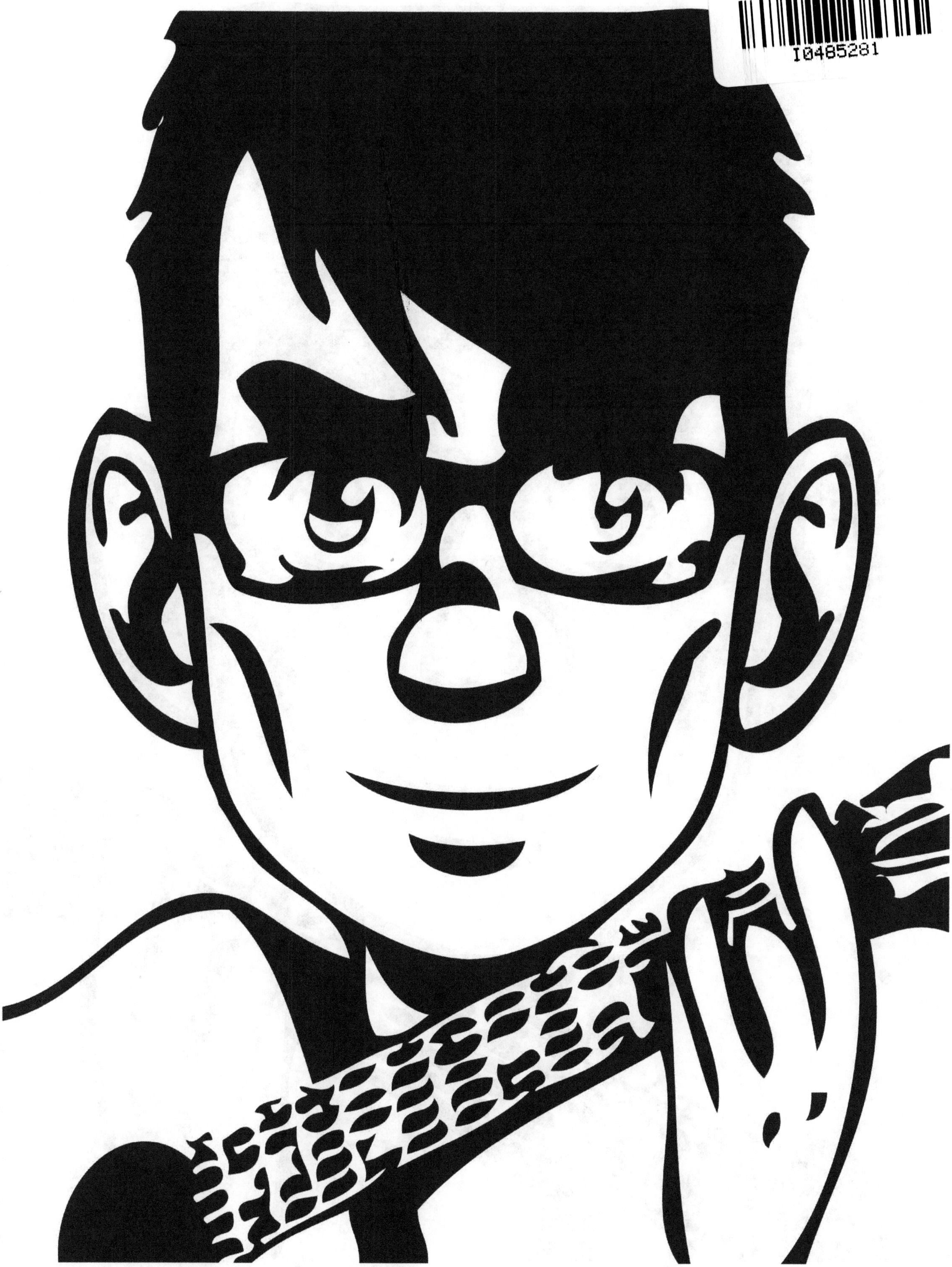

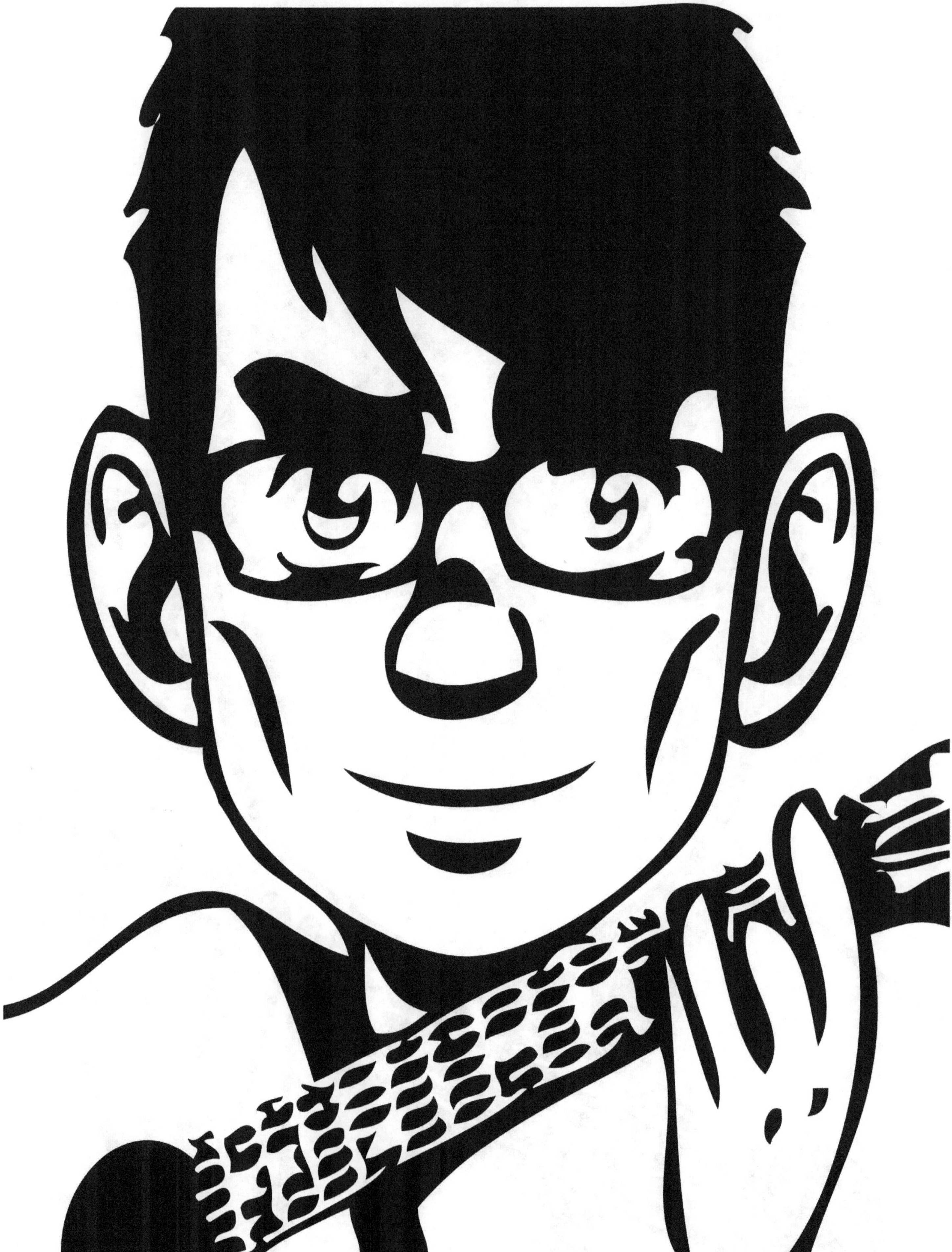

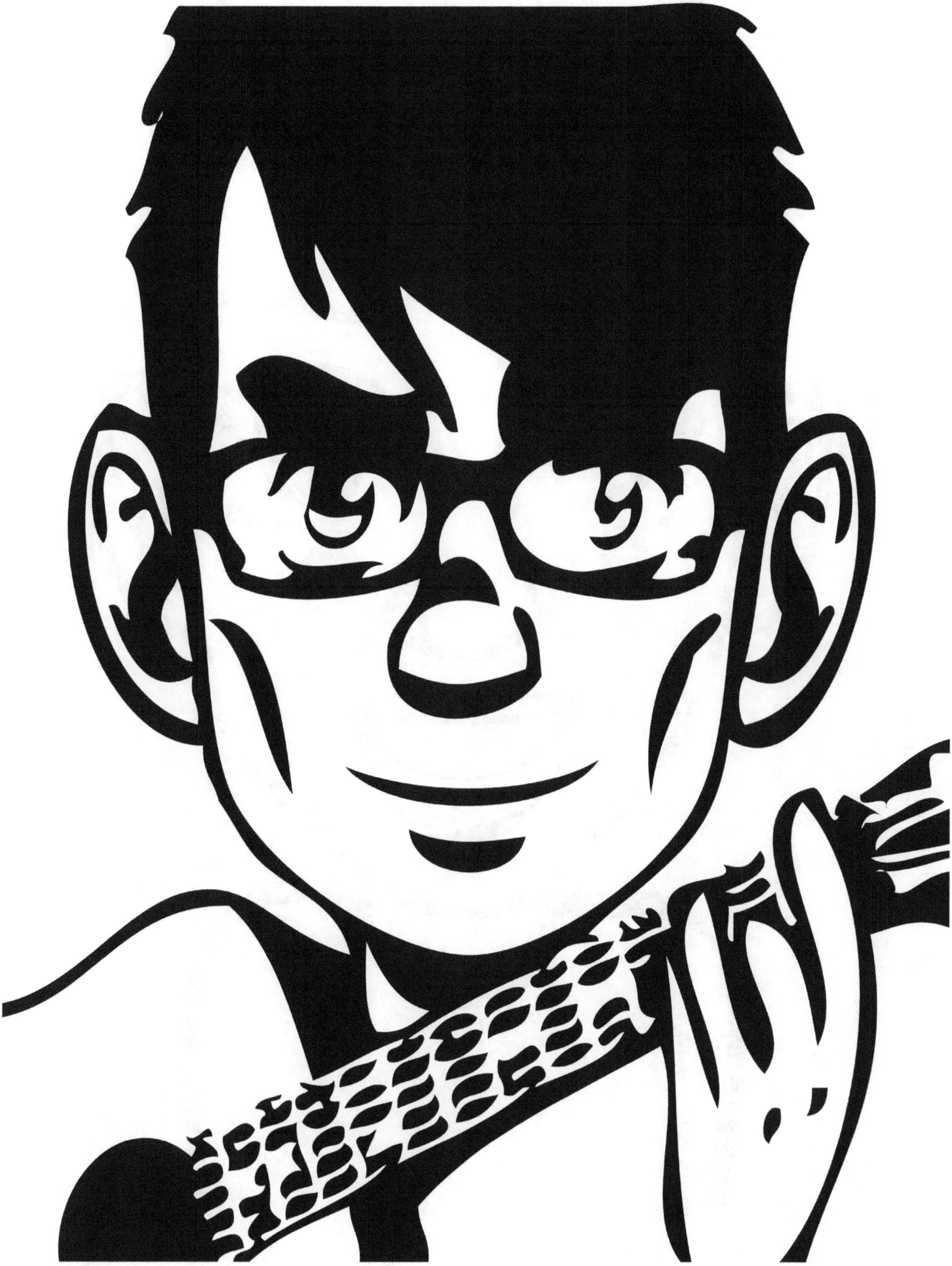

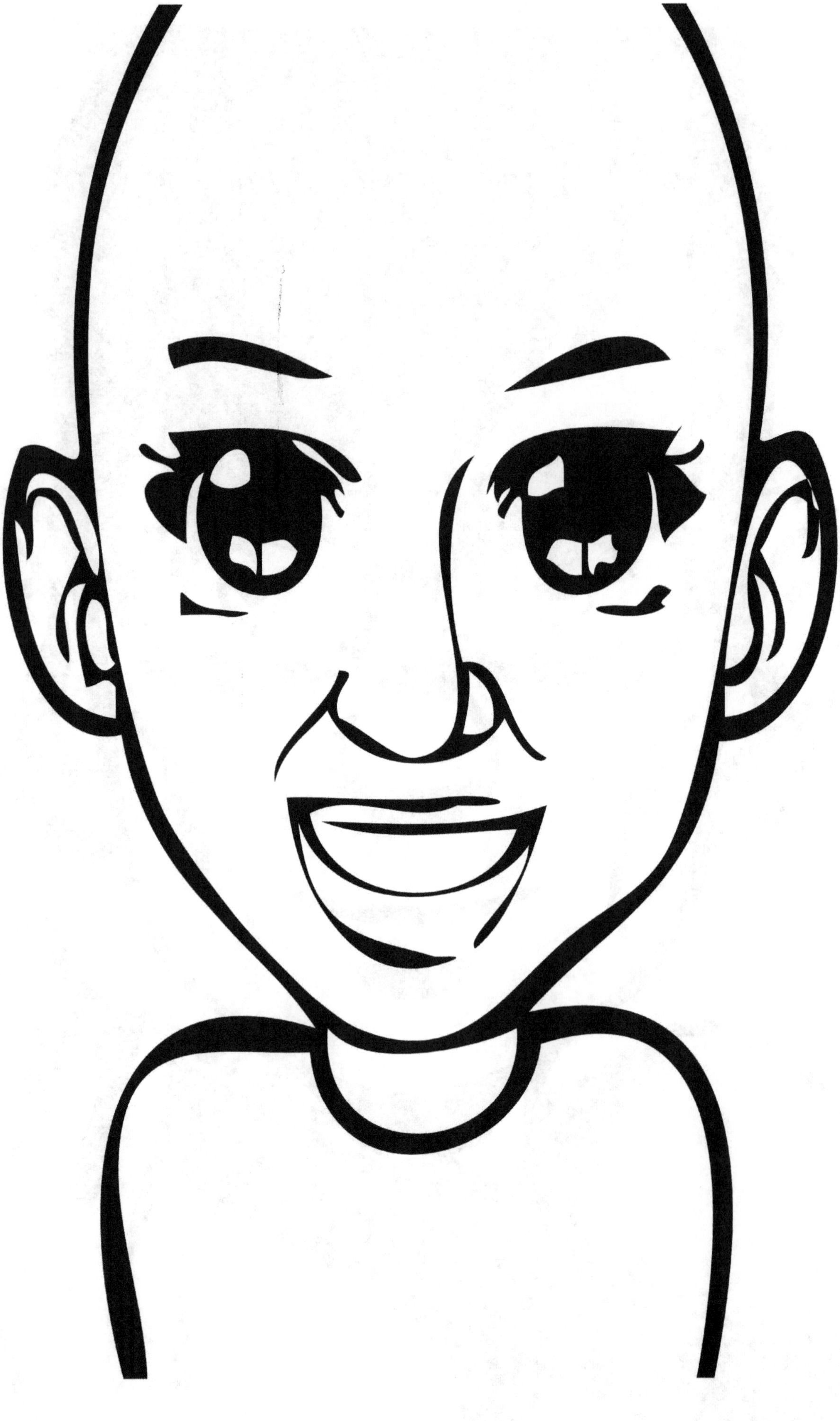

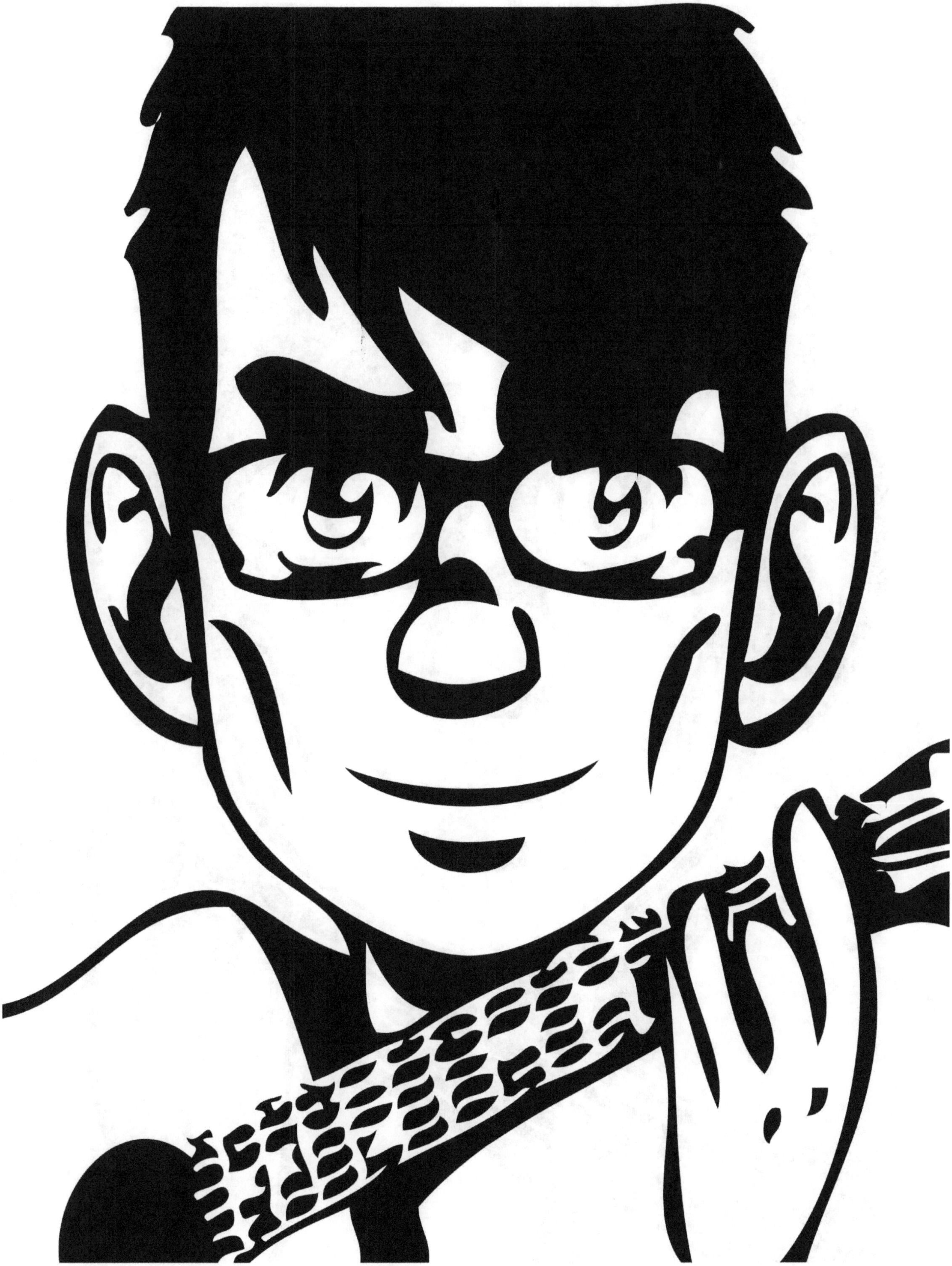

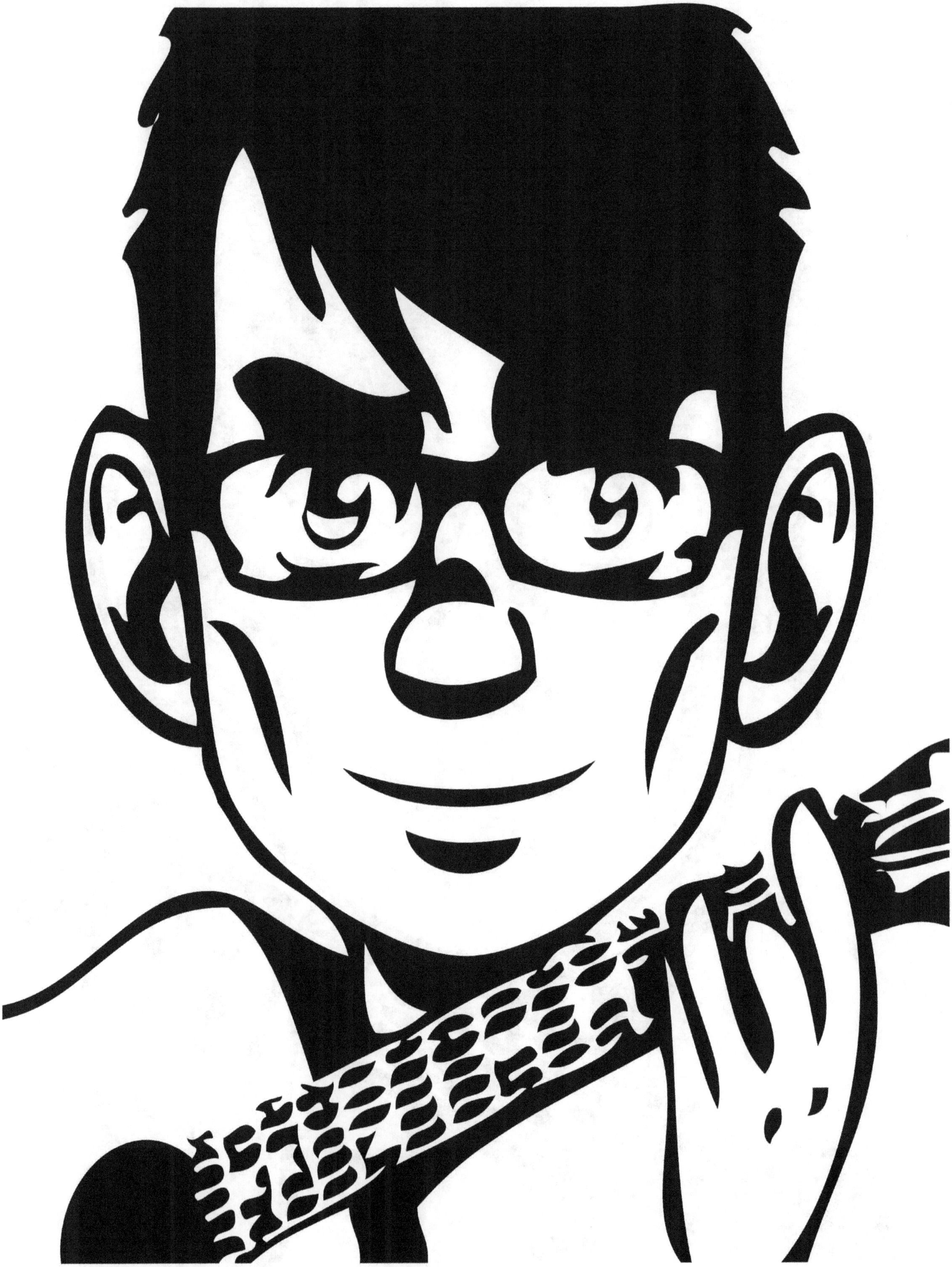

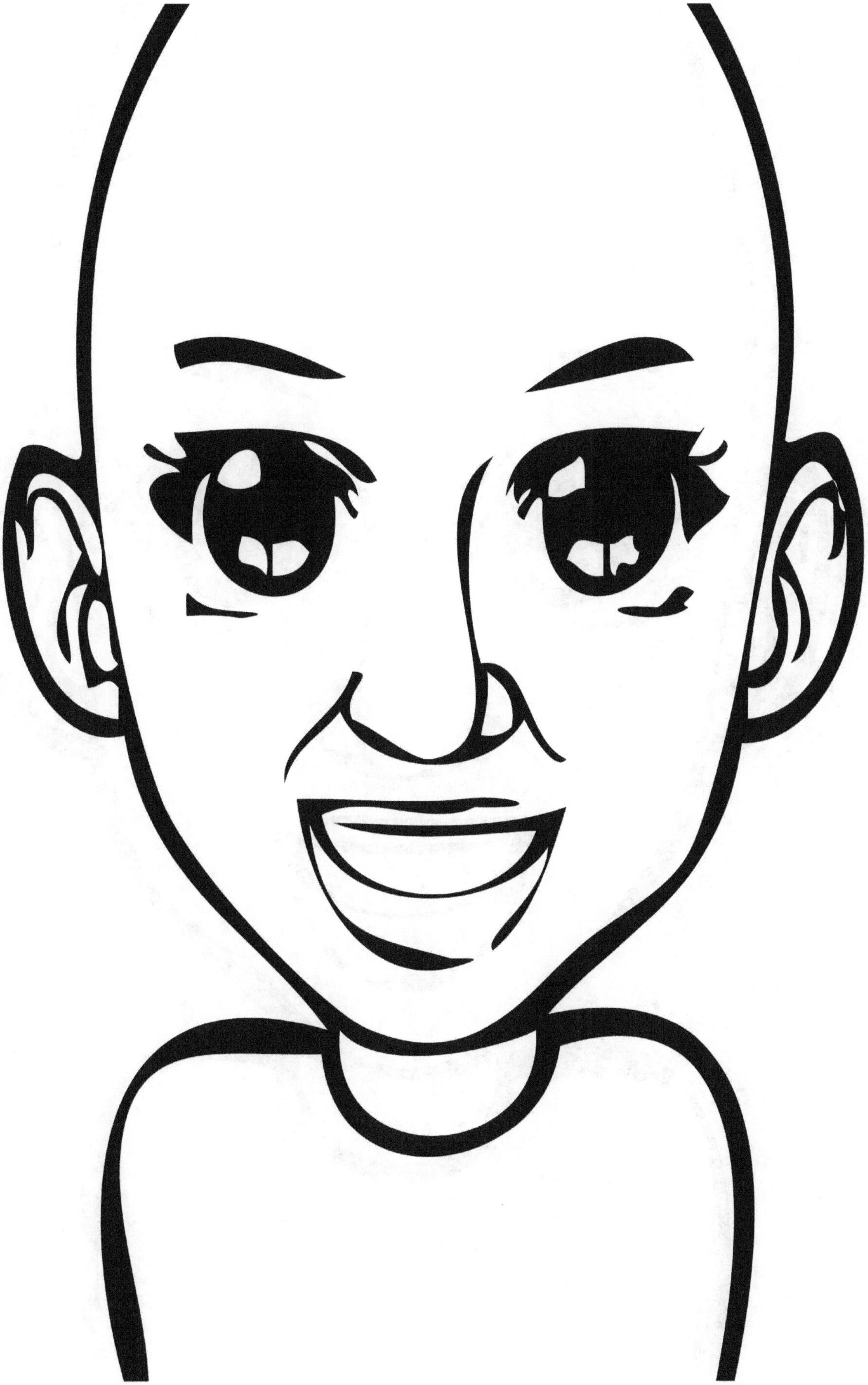

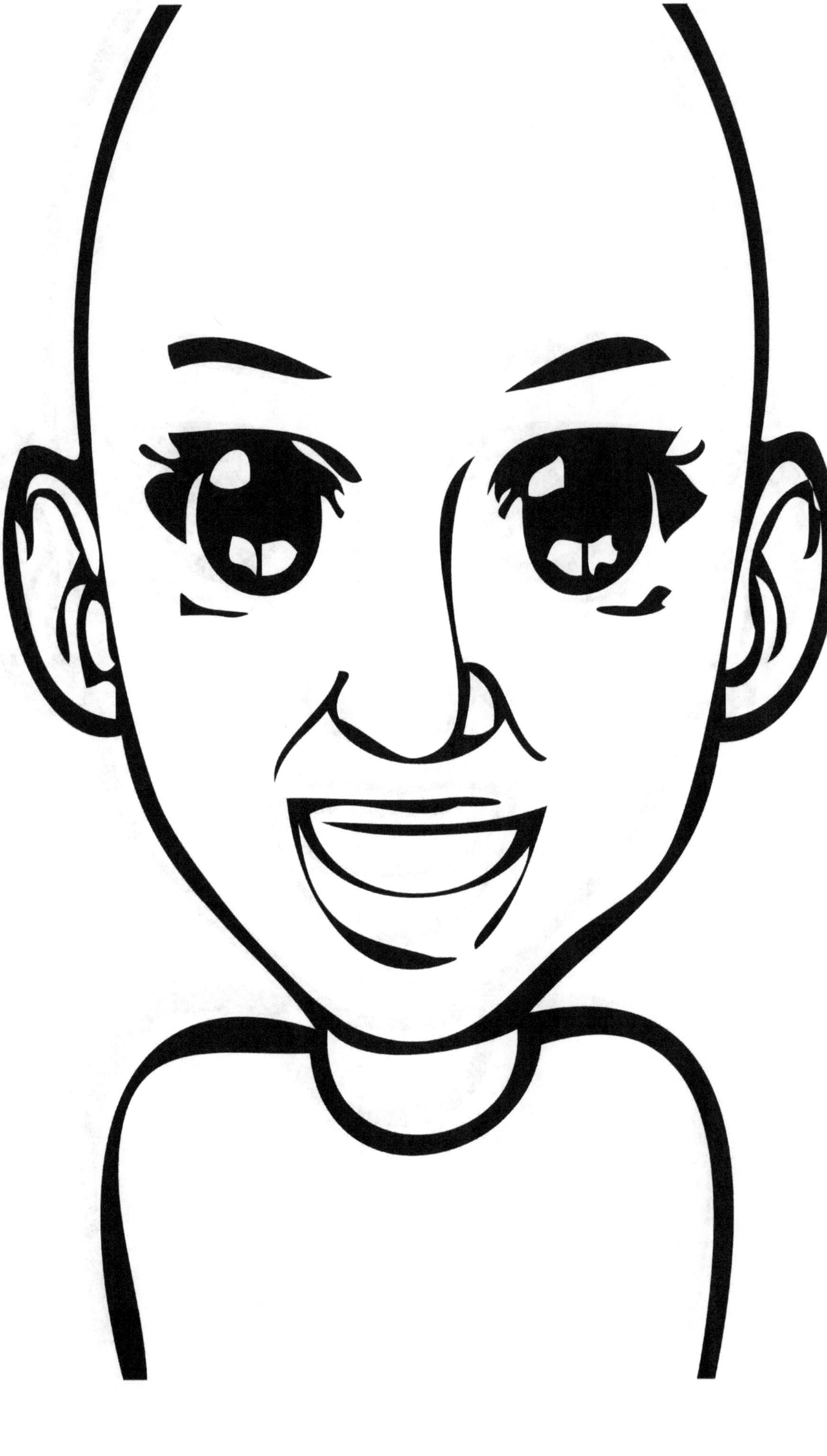

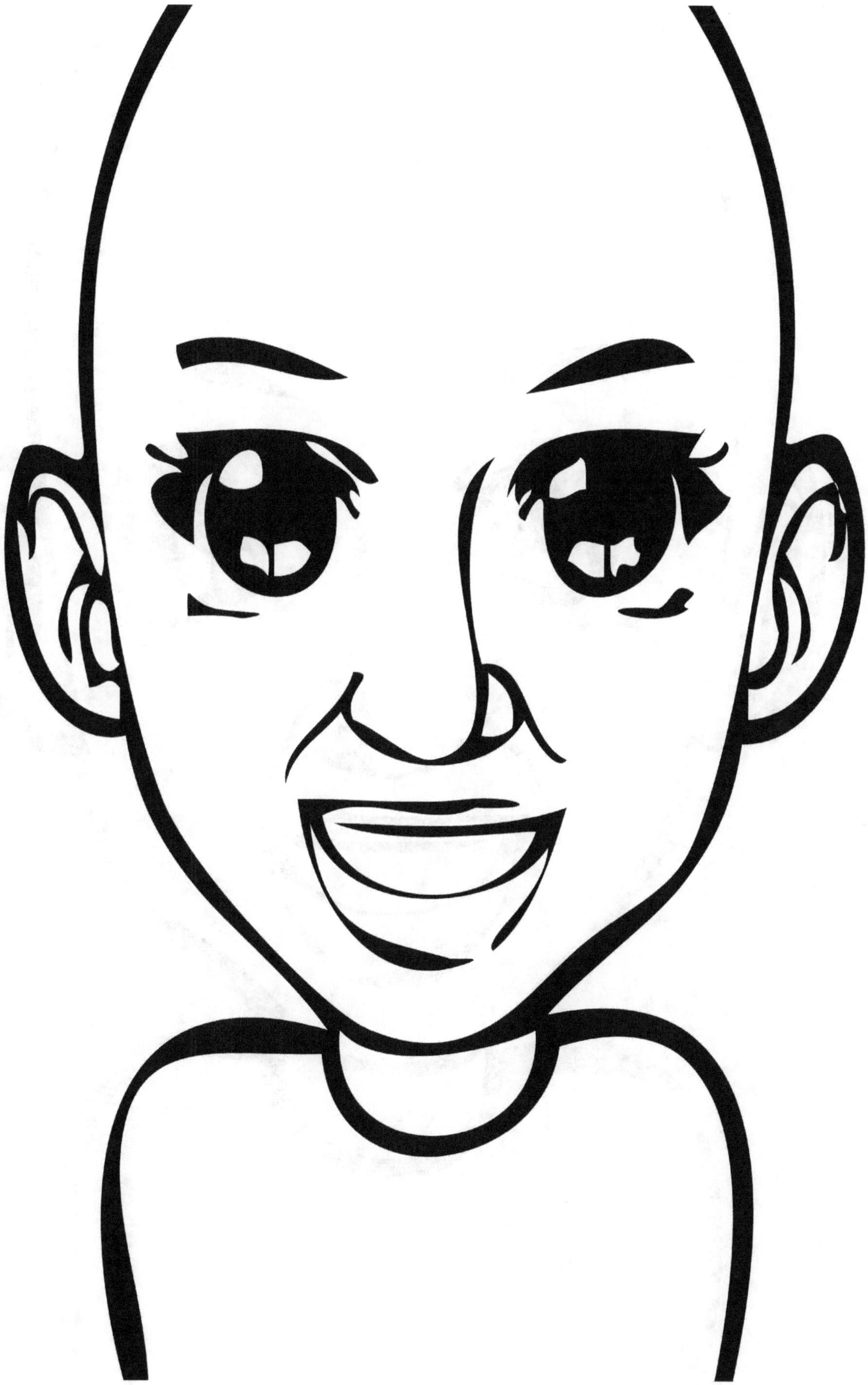

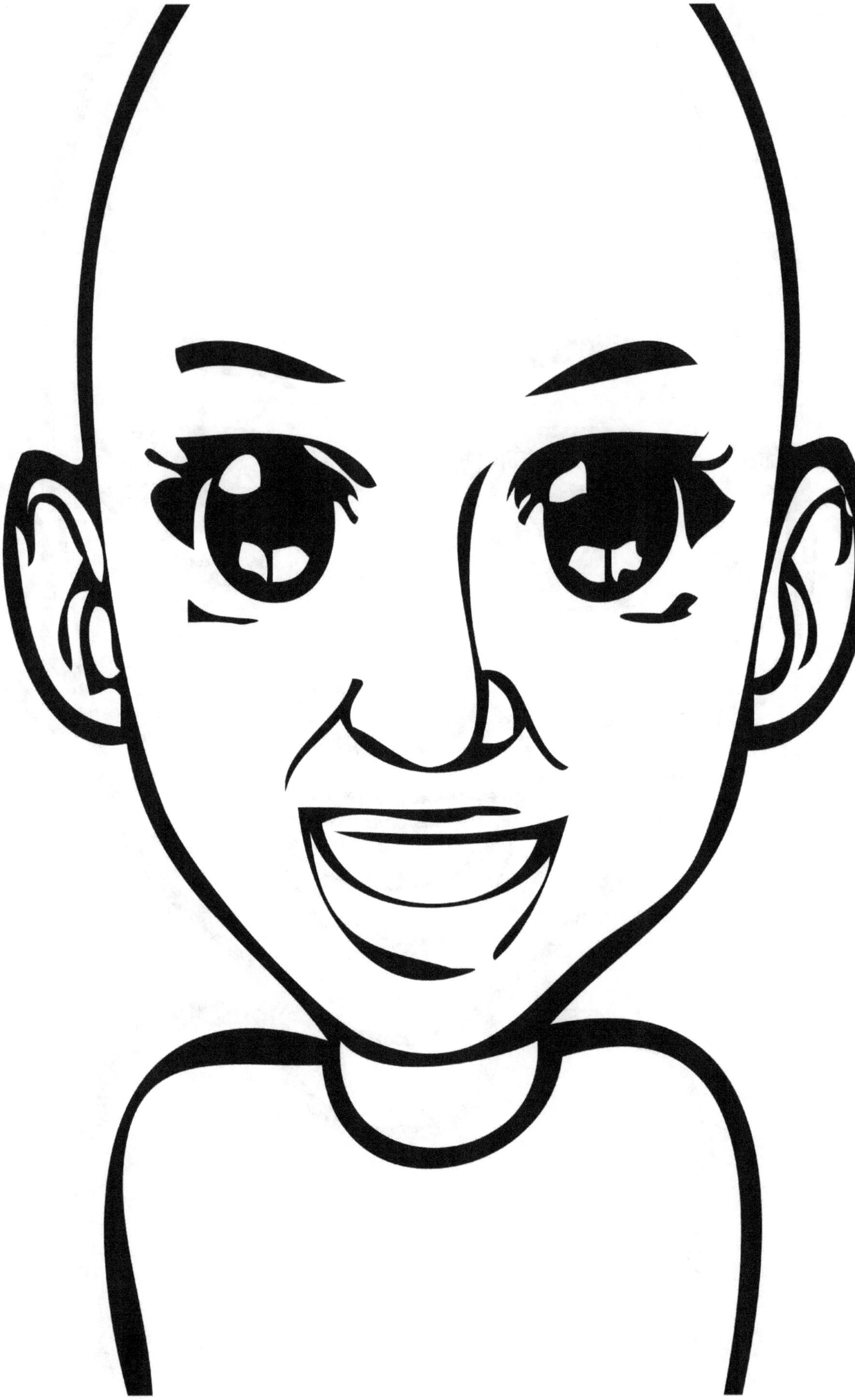

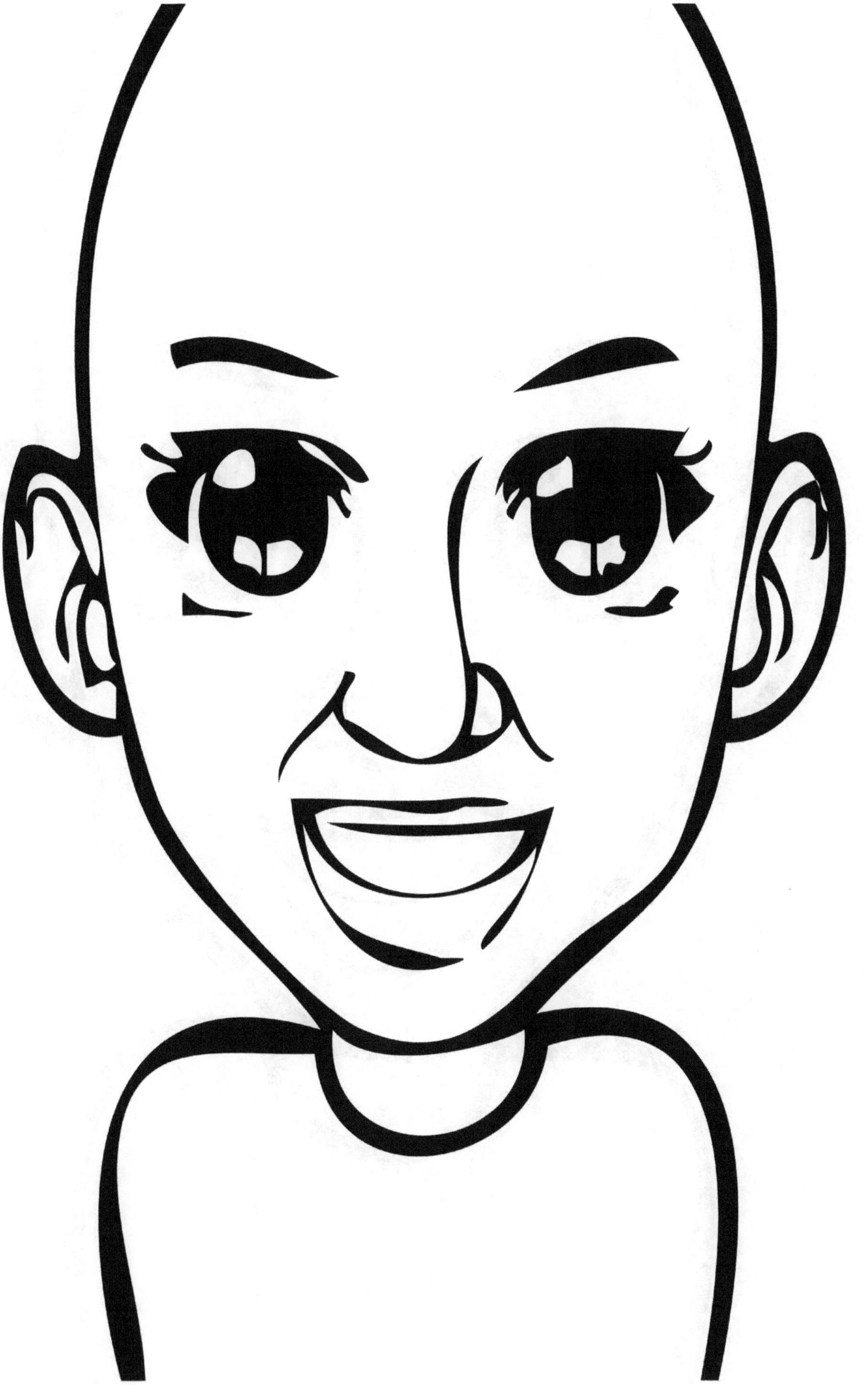

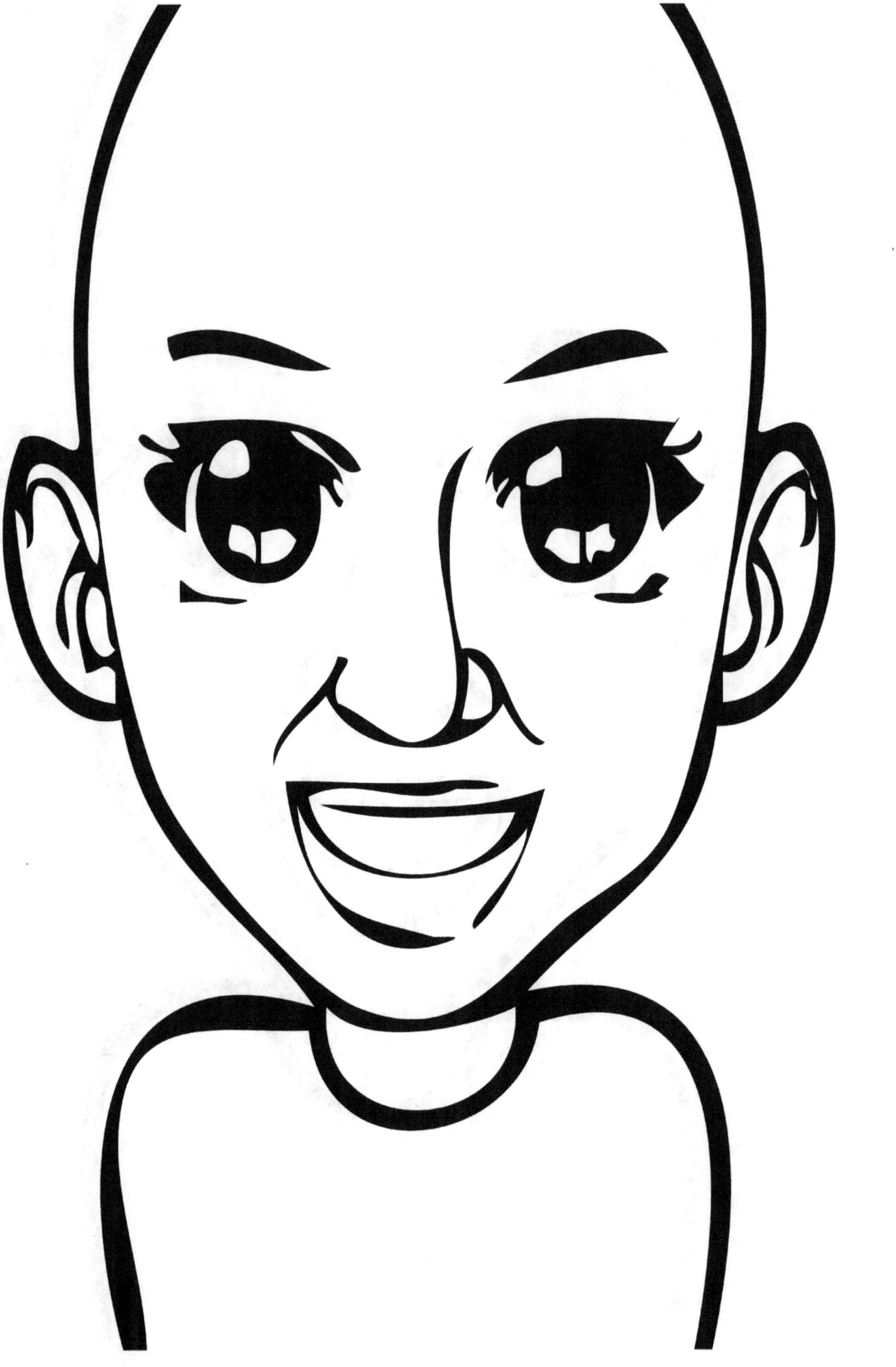

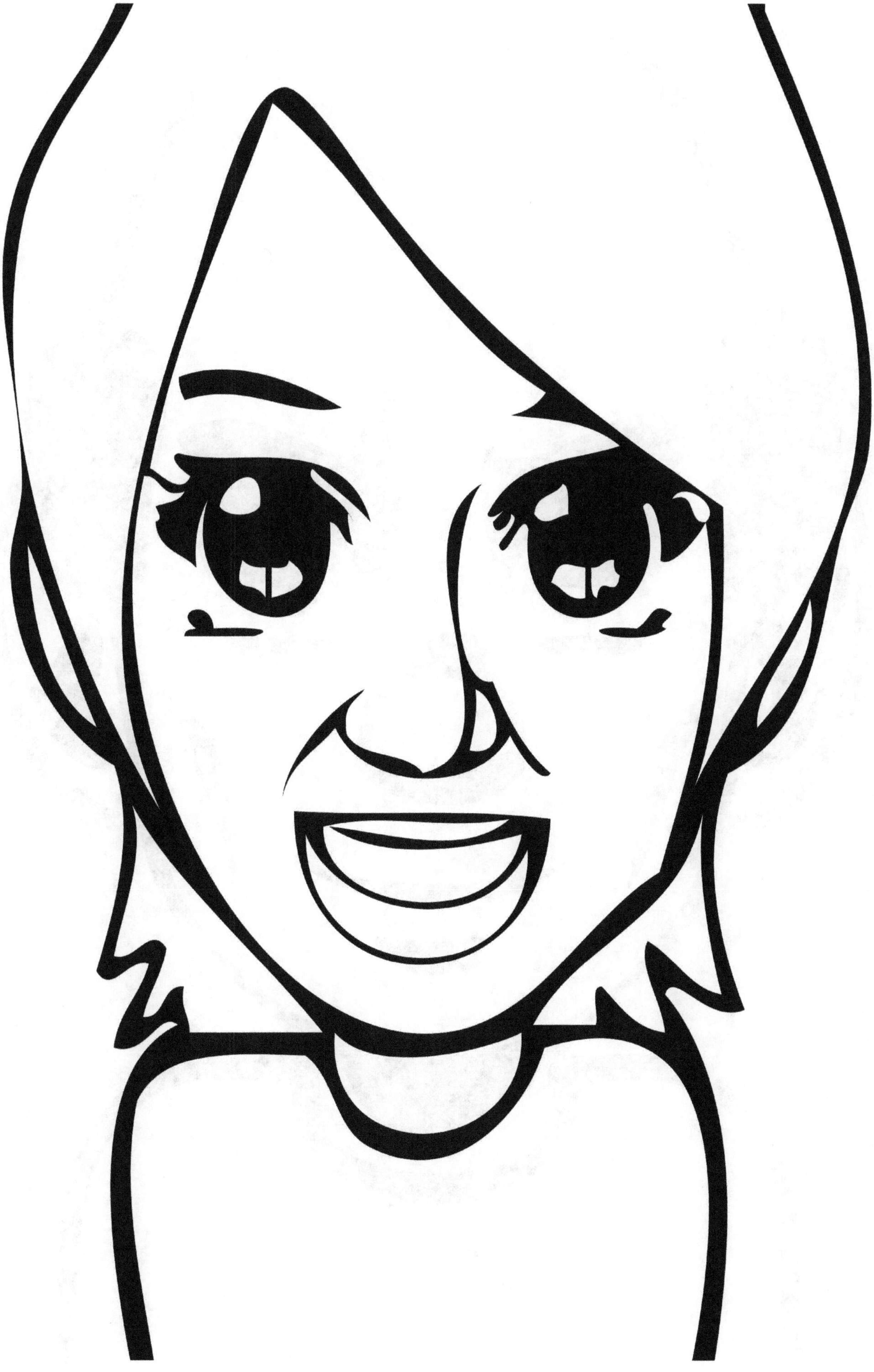

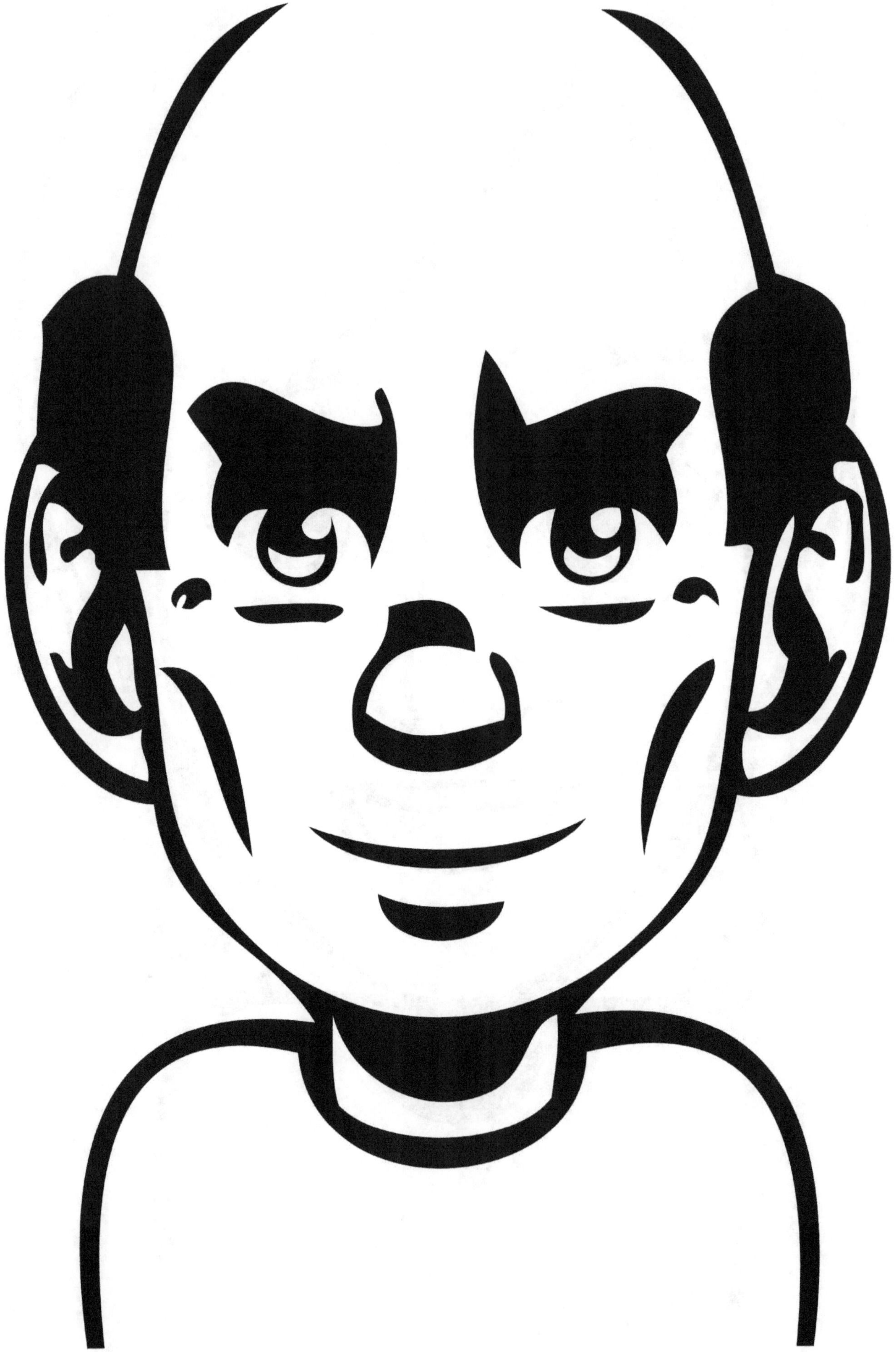

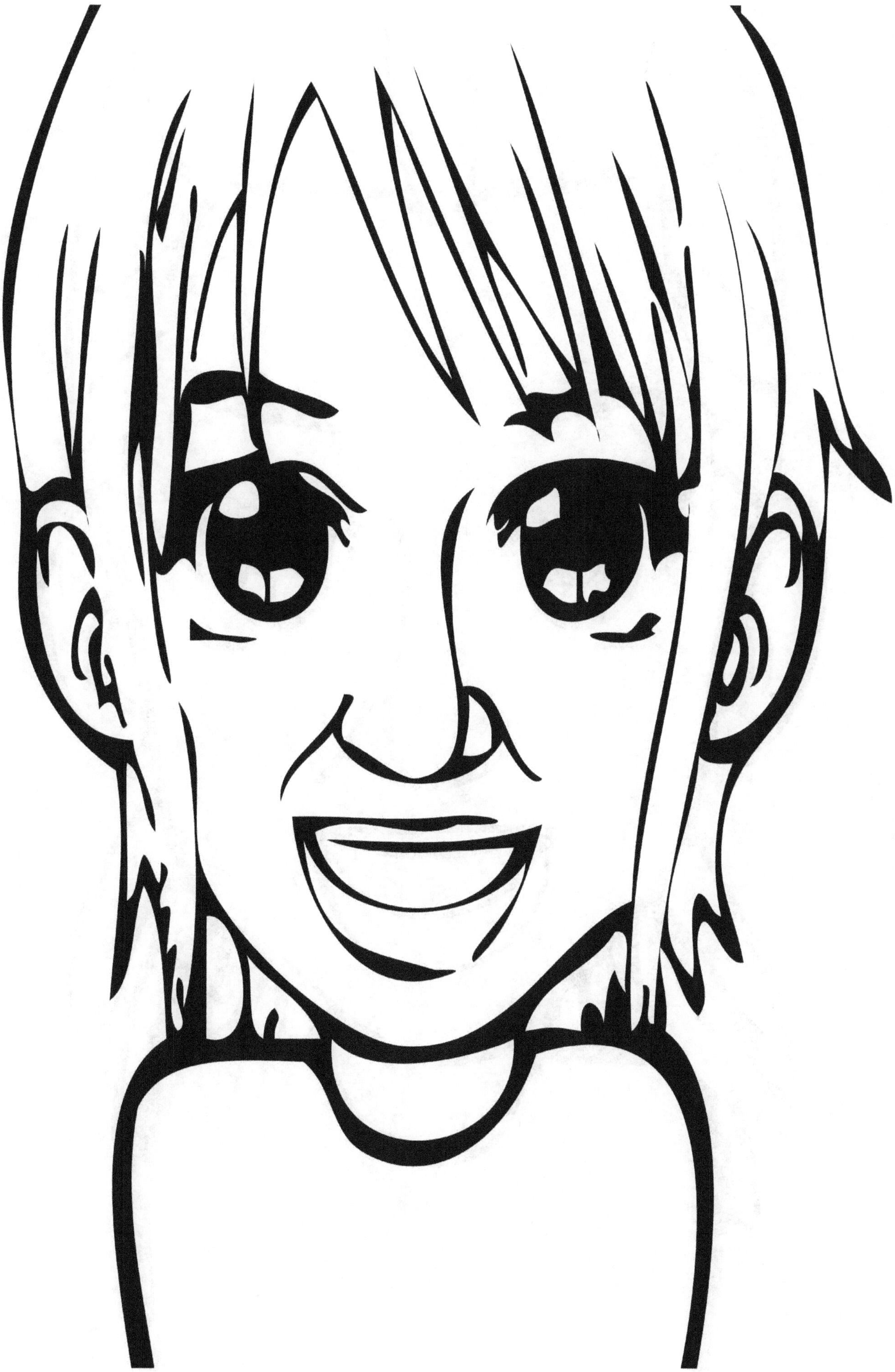

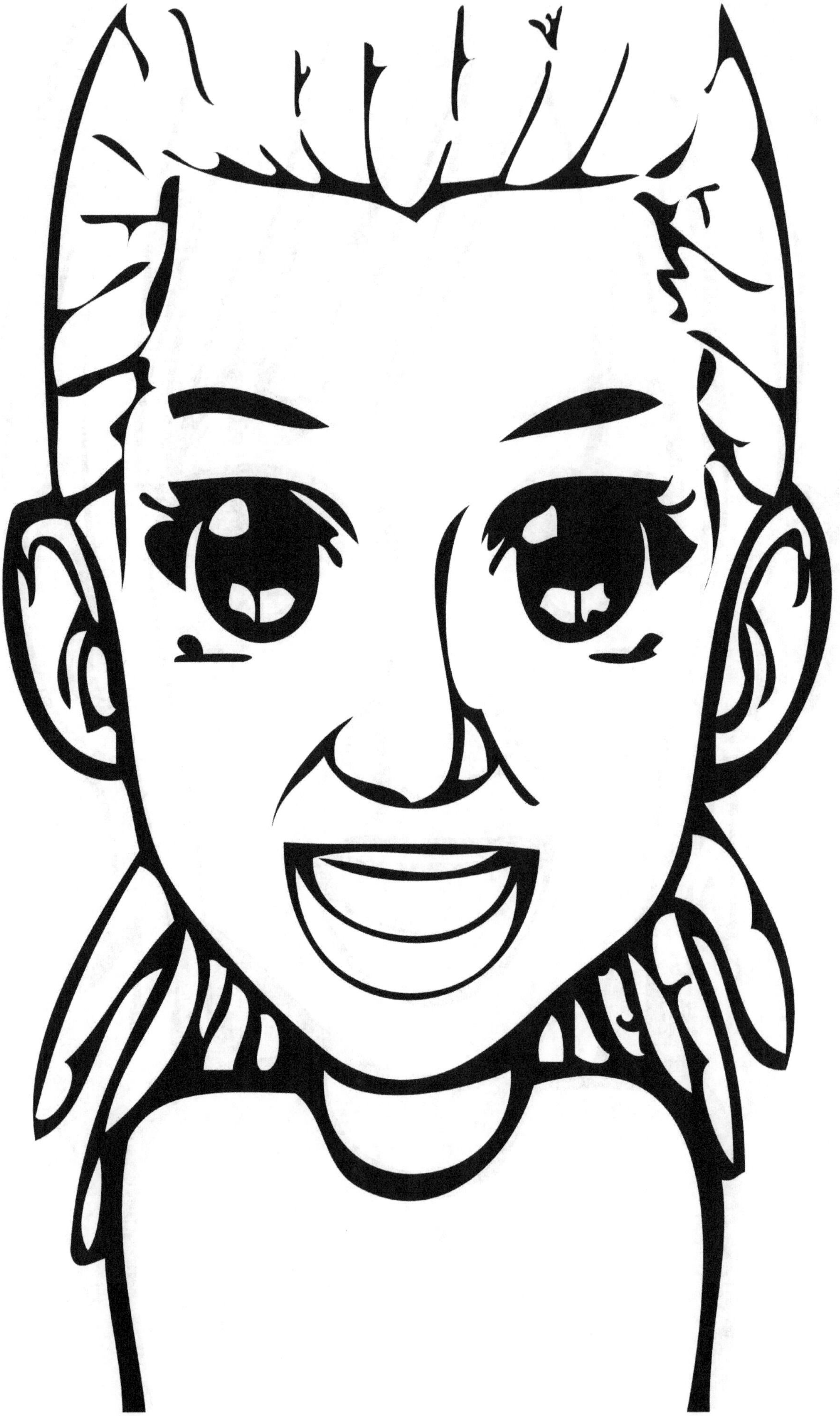

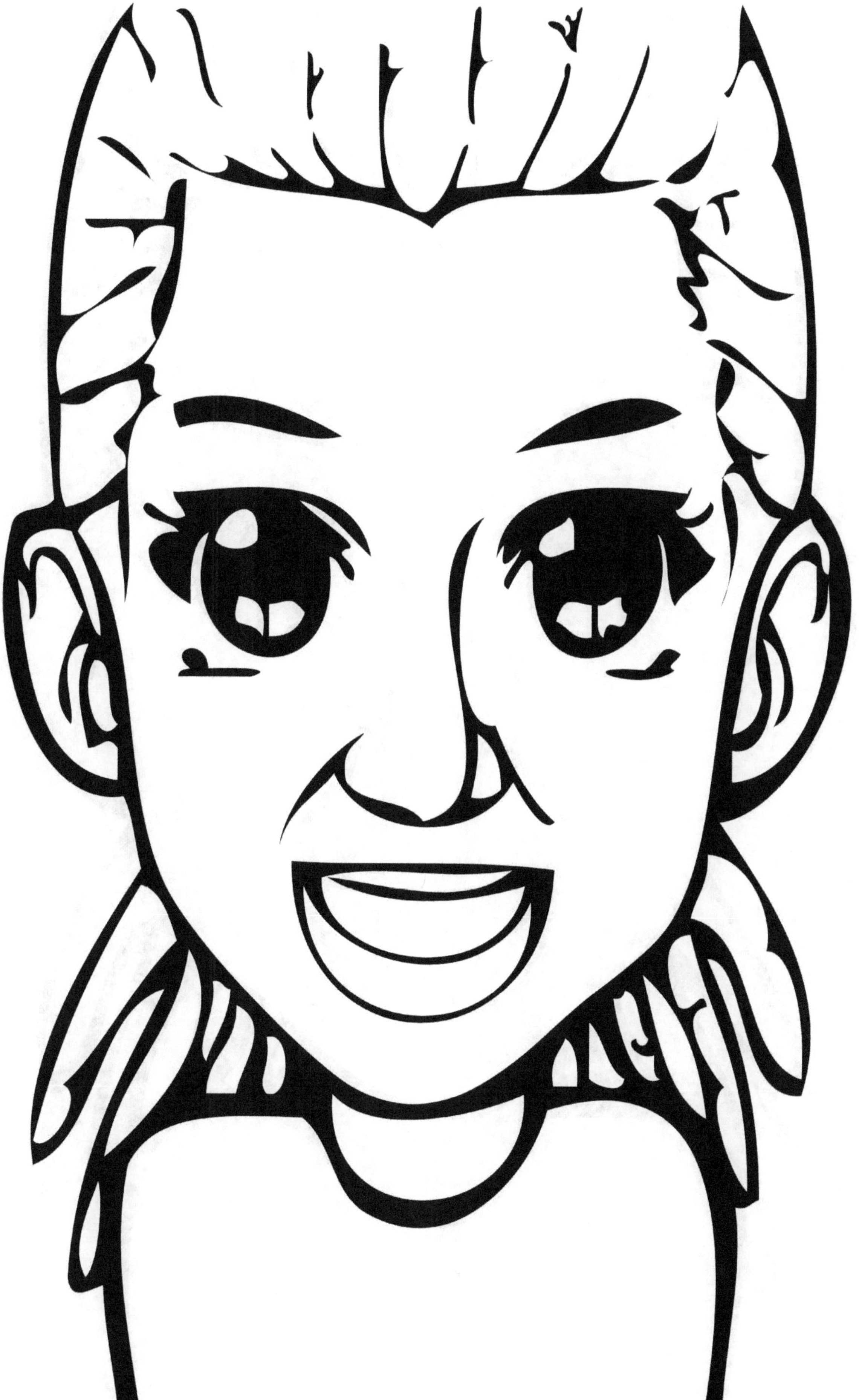

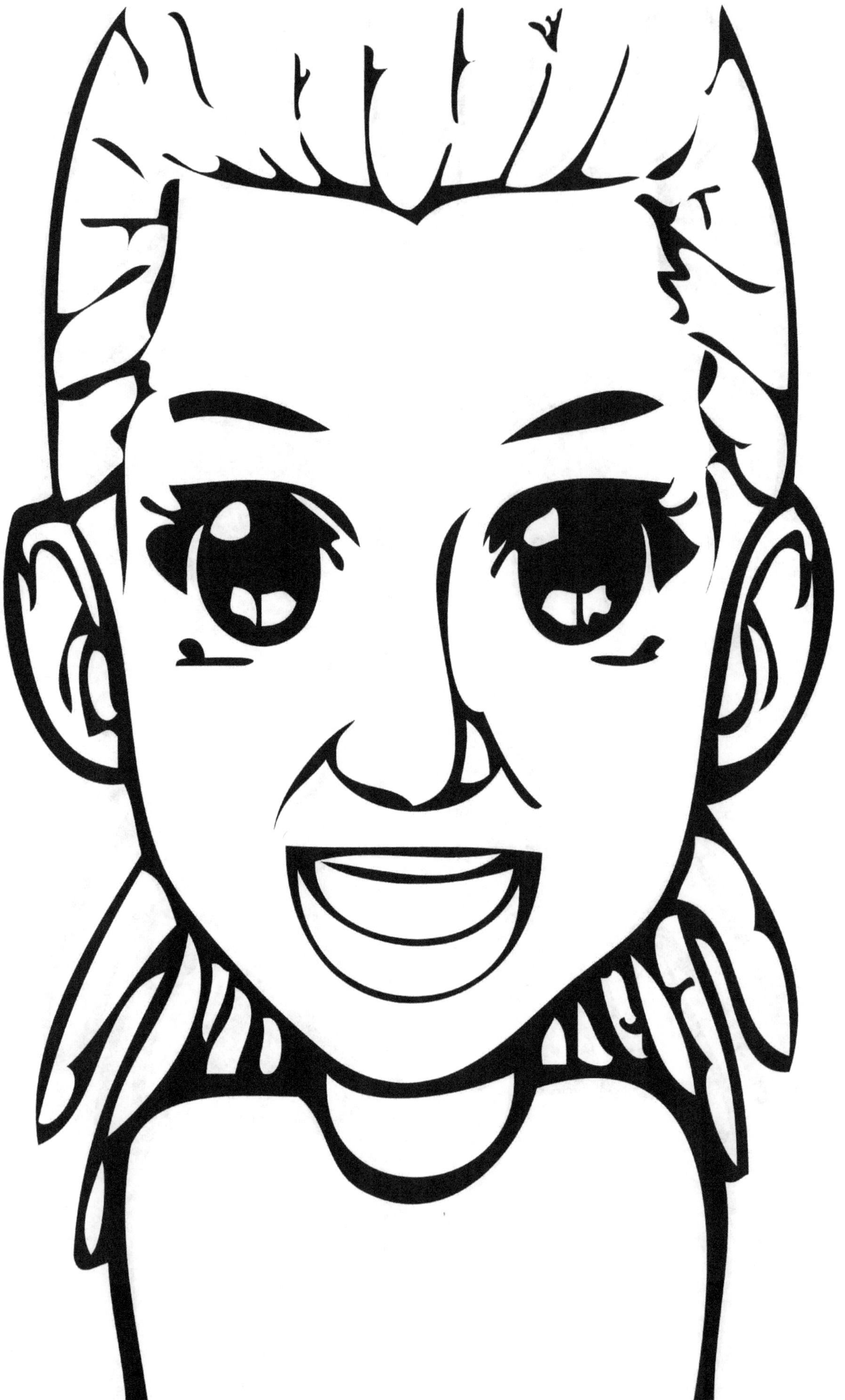

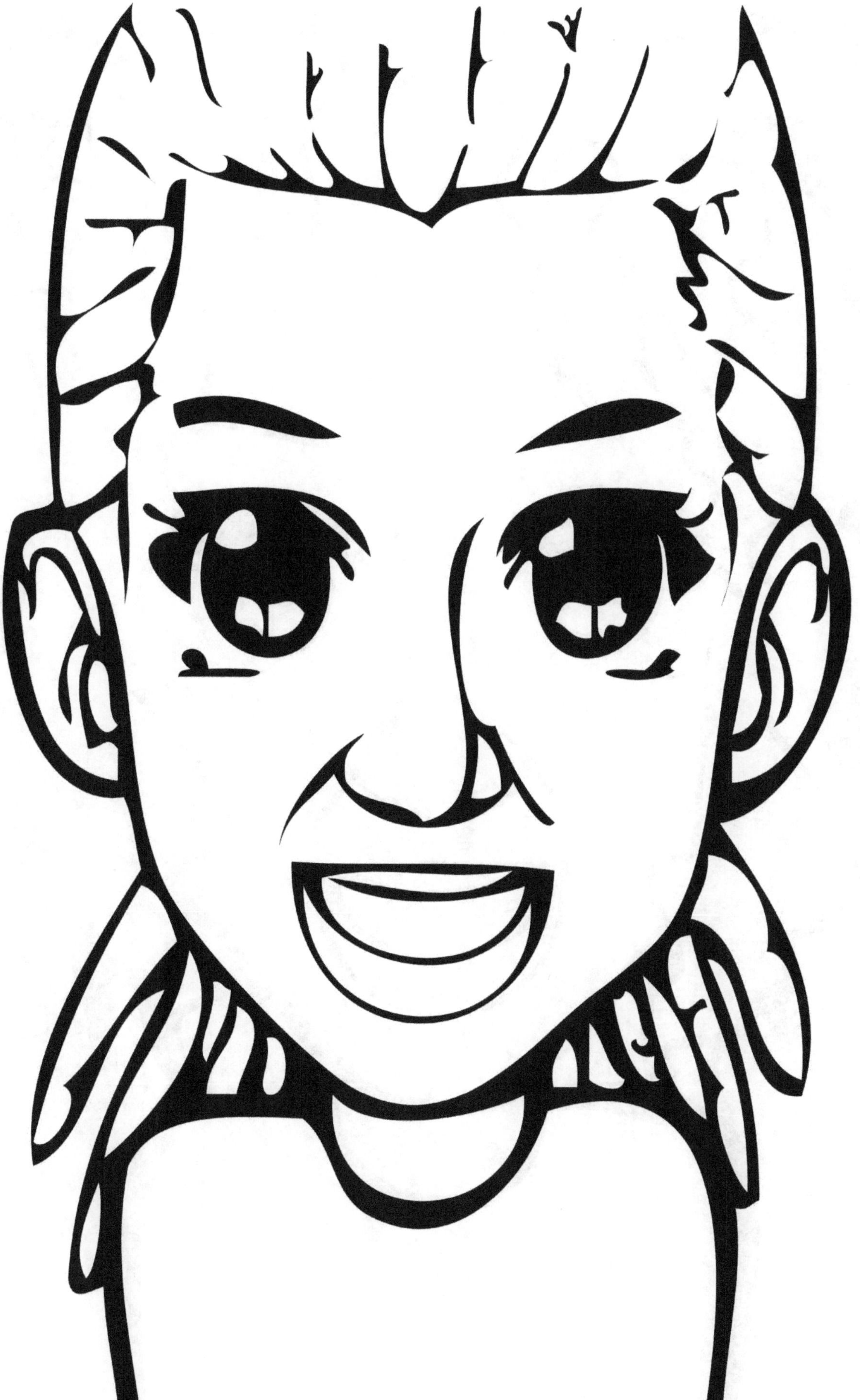

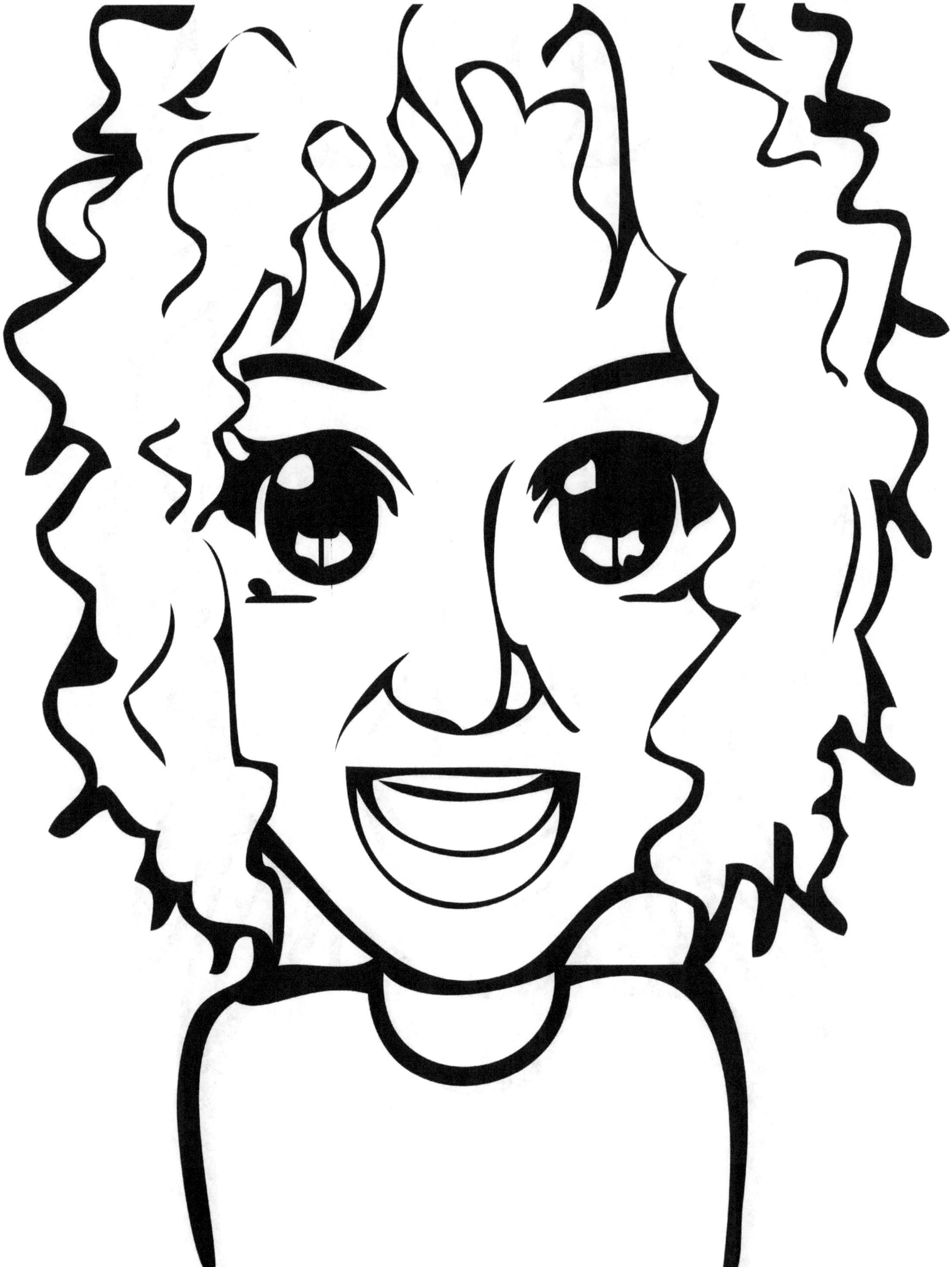

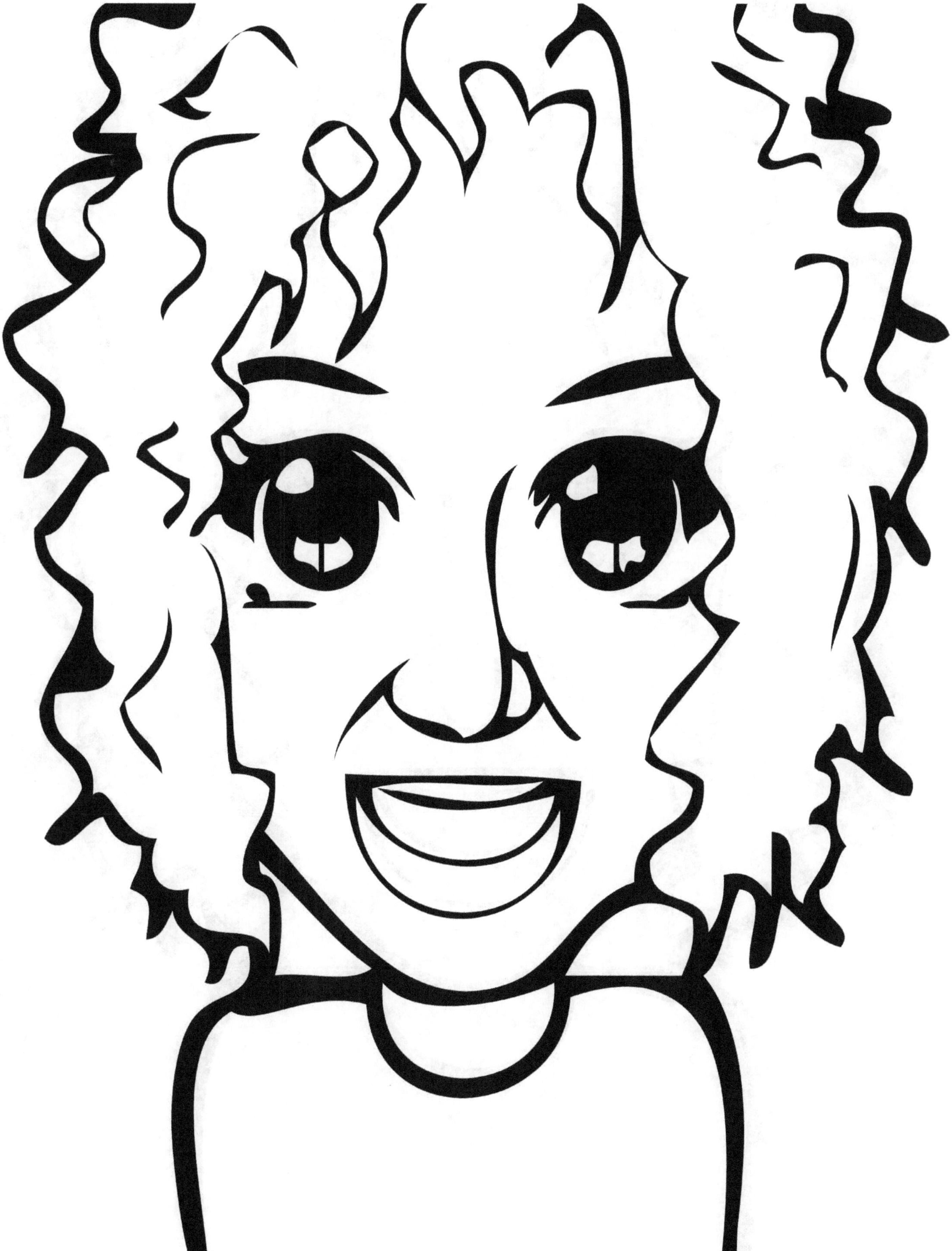

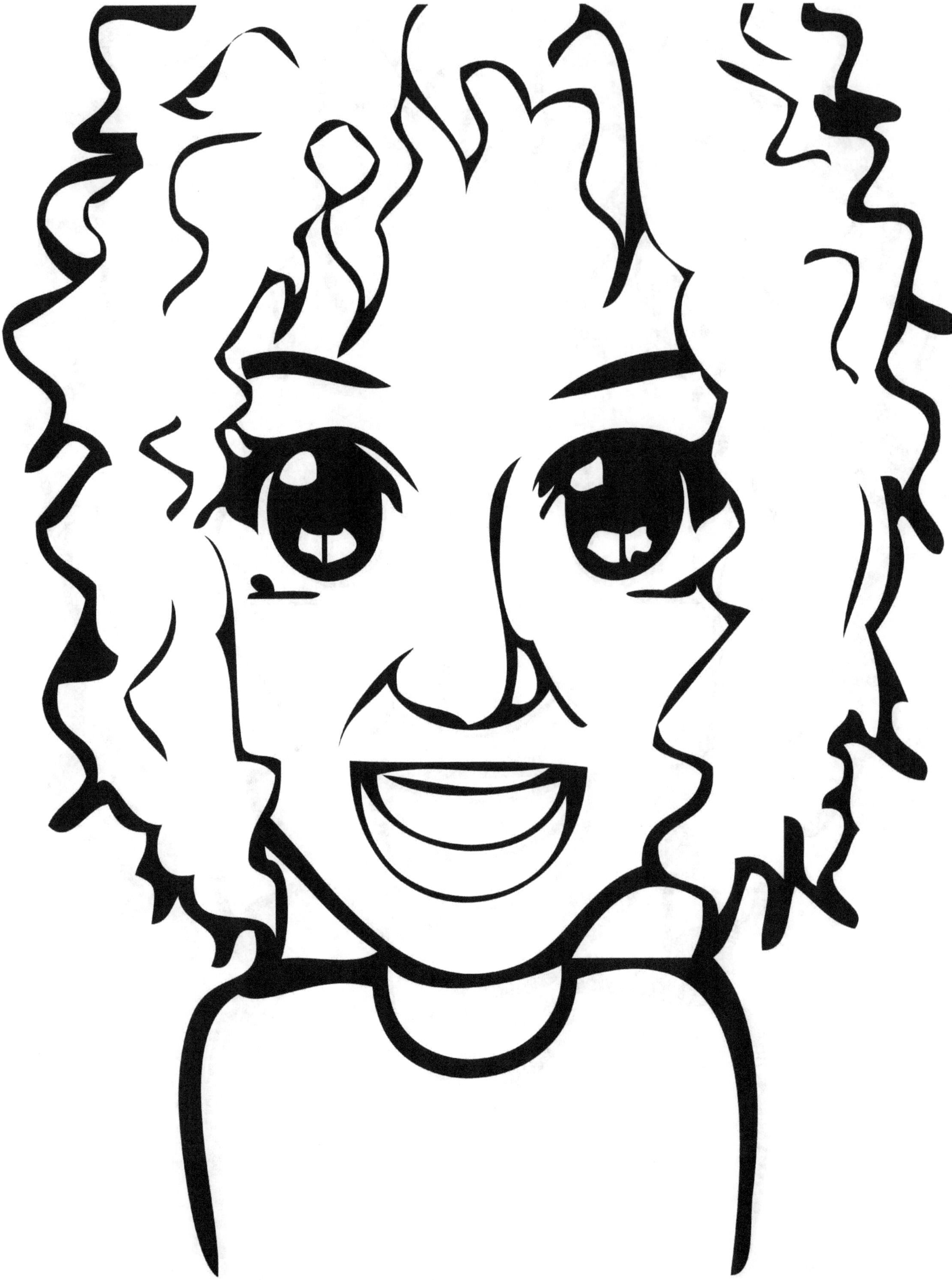

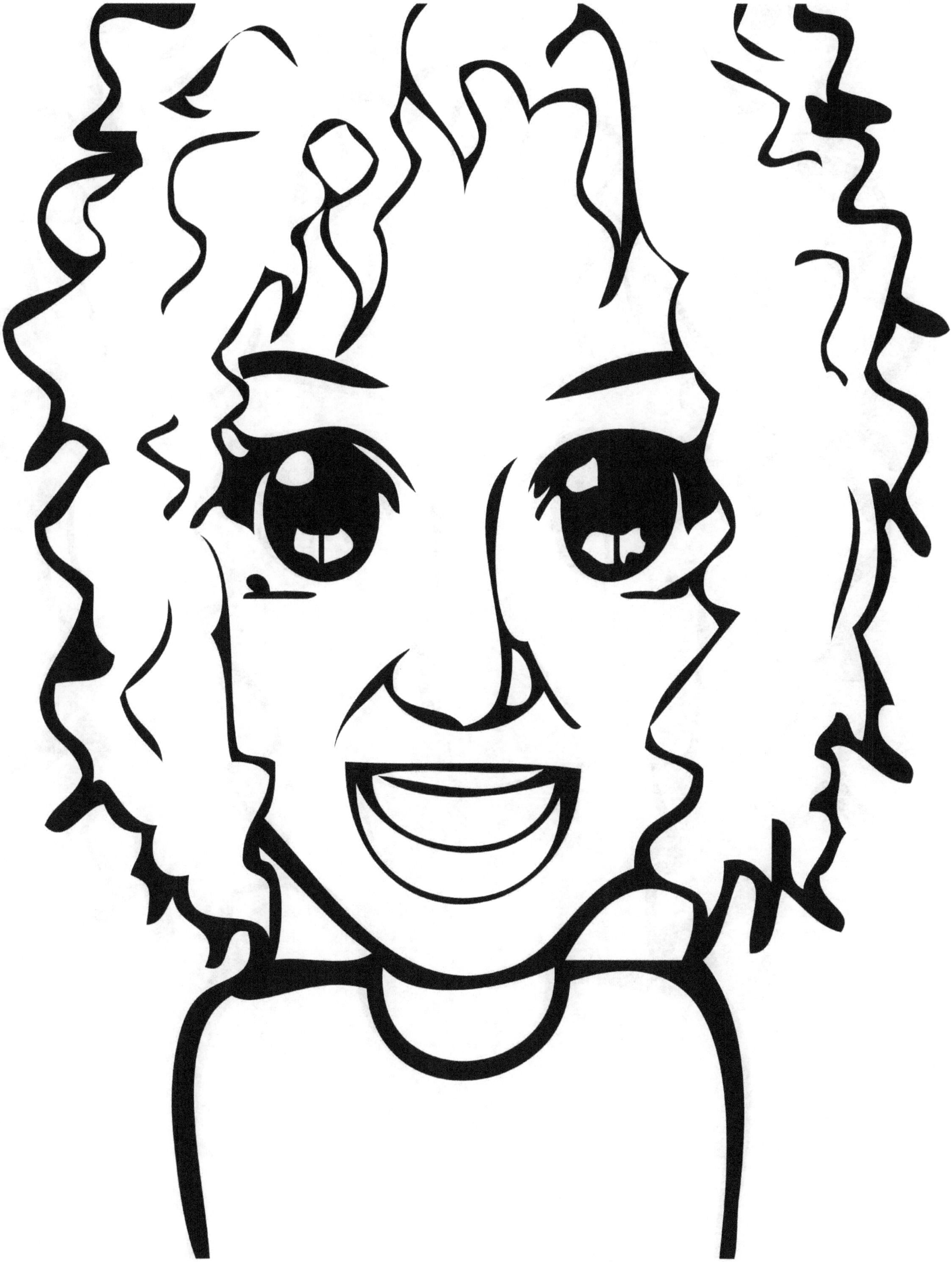

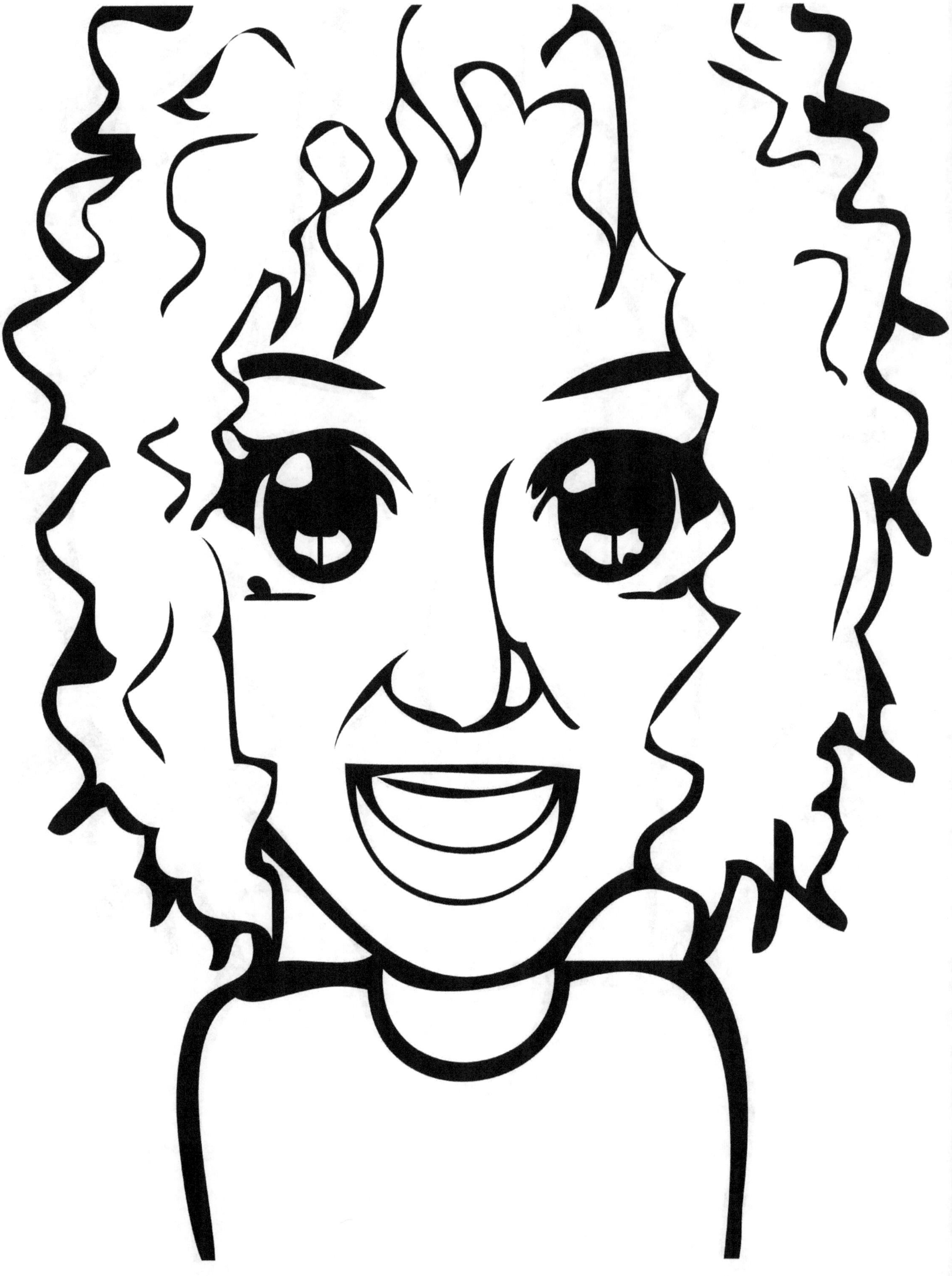

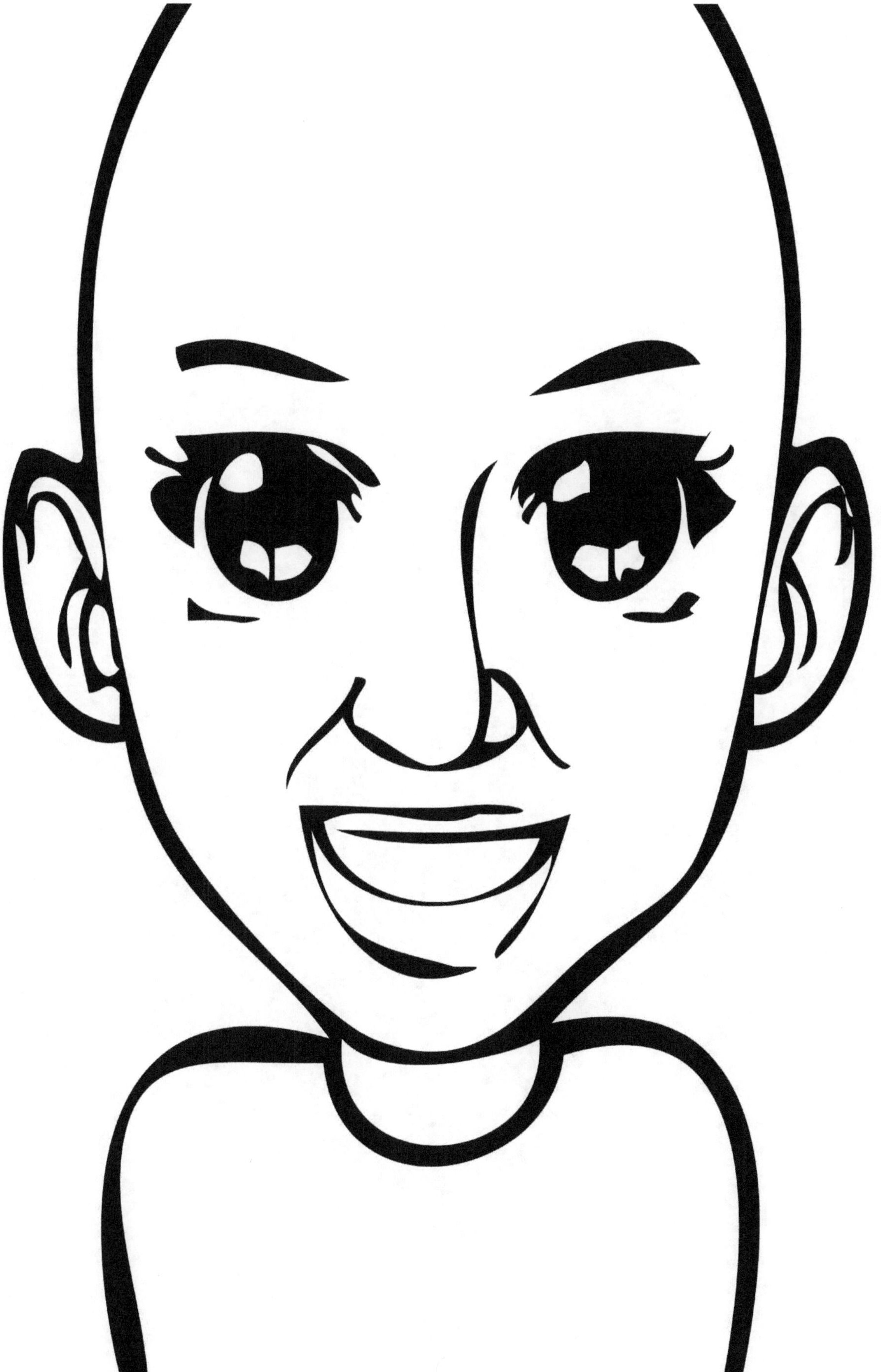

www.ingramcontent.com/pod-product-compliance
Lightning Source LLC
Chambersburg PA
CBHW080629180526
45168CB00007B/3103
* 9 7 8 1 5 1 7 2 6 4 5 5 0 *